Andersdenkerinnen

Anna Faroqhi

ANDERS-
DENKERINNEN

Annäherungen an Helene Nathan,
Anna Seghers und Hannah Arendt

edition q im
be.bra verlag

Gedruckt mit freundlicher Unterstützung der Stiftung Irène Bollag-Herzheimer.

Die Publikation wurde unterstützt von der Rosa-Luxemburg-Stiftung und gefördert mit den Mitteln des Auswärtigen Amtes der Bundesrepublik Deutschland.

ROSA LUXEMBURG STIFTUNG

Bibliografische Information der Deutschen Nationalbibliothek
Die Deutsche Nationalbibliothek verzeichnet diese Publikation
in der Deutschen Nationalbibliografie; detaillierte bibliografische
Daten sind im Internet über http://dnb.d-nb.de abrufbar.

© edition q im be.bra verlag GmbH
Berlin-Brandenburg, 2022
KulturBrauerei Haus 2
Schönhauser Allee 37, 10435 Berlin
post@bebraverlag.de
Lektorat: Marijke Leege-Topp, Berlin
Umschlag & Satz: typegerecht berlin
Schrift: Kohinoor
Druck und Bindung: Finidr, Český Těšín
ISBN 978-3-86124-756-2

www.bebraverlag.de

I
ROBIN

Oh, das hier ist über die Frau, nach der die Bücherei benannt ist.

Cool.

Helene Nathan leitete zwischen 1921 und 1933 die Volksbücherei Neukölln, bis sie als Jüdin und Sozialistin von den Nazis zwangsentlassen wurde.

Damals sah eine Bibliothek ganz anders aus. Den Menschen wurden Leselisten empfohlen.

Was?

Nein, das ist keine Geschichte für einen Vortrag.

Schon wieder nur Ausgrenzung und Tod.

Gib schon her!

So sah sie aus. Aber ...

9

Während ihres Studiums arbeitete Helene als schlecht bezahlte Aushilfskraft in der Bibliothek.

Im 19. Jahrhundert entwickelte das Bürgertum eine wahre Lesewut ...

... was dazu führte, dass immer mehr Bibliotheken eingerichtet wurden.

Als Bibliothekarin zu arbeiten galt allgemein als respektabel für eine Frau.

Helene interessierte sich besonders für die kleinen Leute. 1916 ging sie deshalb nach Leipzig in die damals neue und fortschrittliche Zentralstelle für volkstümliches Büchereiwesen.

Ich habe einen Artikel von Georg Lukács zur Theorie des Romans dabei.

Für mich ist der Kafka.

Das ist für mich!

Und für mich dieser Georg Trakl.

Plinius für mich.

Helene hatte von einer Stelle für die Leitung einer kleinen Volksbibliothek gehört.

Sie kam auf Empfehlung ihres Mentors in Leipzig, Hoffmann.

Ob die Metropole neu für sie war?

War sie eingeschüchtert oder selbstbewusst?

Die kommunale Bildungspflege soll der Gesunderhaltung des Volkes dienen.

Gleichzeitig ist sie ein wichtiges Mittel der Befriedigung und Freude an den kommunalen Einrichtungen, auch in den unteren Schichten des Volkes.

Wir wollen beim aufnahmebereiten Individuum ansetzen. Und dort, bei den auserlesenen Empfänglichen die Zellen heranbilden, die dann ihrerseits im neuen Geiste auf die Umwelt ausstrahlen können.

Äh ... Na gut.

Machen wir uns an die Bildung einer nationalen Volksgemeinschaft.

National?

Volksgemein-schaft?

Ob das Juden mit einschließt?

Ich darf eine Bibliothek leiten!

PLITSCH PLATSCH

Wir wissen, es ist nicht Leipzig.

Es ist ganz wunderbar.

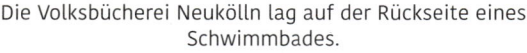

Die Volksbücherei Neukölln lag auf der Rückseite eines Schwimmbades.

Helene fasste ihre Beobachtung in Worte.

Die Großstadt gibt und nimmt.

Wie ein gewaltiger Motor treibt die Großstadt auch das geistige Leben an.

Sie nimmt dem Menschen die Naivität ...

... und gibt ihm größere Bewusstheit.

Unter der Kompliziertheit der Lebensumstände wird er selbst komplizierter.

24

Helene fand für jeden Geschmack und jedes Lesebedürfnis das Richtige.

Sie wollen Drama, Philosophie, Humor und das über viele Seiten?

Etwas Neues, Spannendes aus Berlin? Gerade kam Alfred Döblins „Berlin Alexanderplatz" heraus.

Das ist von der letzten Kleist-Preisträgerin. Sehr besondere Sprache.

Auch privat fand Helene ihre Erfüllung.

Wir nehmen auch Seghers' zweite Erzählung in den Bestand auf, „Grubetsch".

Uns sind schon wieder die Mittel für Neuanschaffungen gekürzt worden. Dabei wird die Bibliothek genutzt wie nie. Die Leser brauchen uns.

Mach dir nicht so viele Sorgen, Helene. Du hast so viel erreicht!

Zumindest haben wir eine neue Filiale.

Helene verliebte sich in ihre Kollegin Elsa Schumann.

Das Krisenjahr 1929 wirkte noch nach. Es gab in Deutschland etwa sechs Millionen Arbeitslose.

All diese jungen Menschen. Ohne Arbeit, ohne Hoffnung.

Die wollen bloß einen warmen Raum und zu Hause Holz und Strom sparen.

Wenigstens das können wir ihnen geben.

Und wenn es die Stellenanzeigen sind. Irgendwas lesen sie hier.

Nach der Parole: „Wer liest, der denkt"?

Warum nicht? Am Ende tragen wir dazu bei, dass unsere wacklige Republik sich doch noch festigt.

Daran zweifle ich ...

Mein Mann sagt, die Republik bringe dem deutschen Volk nur Schande.

Wissen ... Fühlen ... Handeln.

Es half nichts. Bei den Neuwahlen am 5. März:

Sofort wurden die linken Parteien verboten, die Opposition verfolgt.

Denkt wohl, ihr habt Deutschland schon!

Besser die als die Roten.

Zentrum? DVP?

Wir müssen versteckt weitermachen.

Passt auf euch auf, Jungs.

Komm, Erich!

Hitlers NSDAP erhielt eine knappe Mehrheit.

Drei Wochen später.

Helene!

Ein Ermächtigungsgesetz! Die ganze Macht ist jetzt bei Hitler und seiner NSDAP!

Ist alles in Ordnung mit dir?

Mit mir schon. Aber was ist mit dem Land?

Damit können sie auch verfassungswidrige Gesetze beschließen. Es gibt keinerlei Kontrolle.
Tut dir auch bestimmt nichts weh?
Alle sind in Gefahr, die Kommunisten, unsere sozialistischen Genossen.
Und wie sie Juden hassen.
Ach, Helene, was machen wir denn jetzt?
Weiter. Solange es geht.
Bereits Anfang April begannen die „Boykotte gegen jüdische Geschäfte, Ärzte und Rechtsanwälte“.
Ahnte Helene, dass ihre Entlassung schon beschlossen war?
Kopf hoch, Helene.
Die Juden sind schuld!
Genau.
Deutsche! Wehrt Euch! Kauft nicht bei Juden!
Die Frau kam häufig in die Bibliothek.
Ach, Sozialistin und dazu noch Jüdin ...
Wie verbrachte Helene ihre letzten Arbeitstage?
Warum steht ihr so herum? Es gibt viel zu tun!
Ehrlich gesagt, kann ich Ihnen nicht sagen, ob dieses Buch noch lange in unserem Bestand bleiben kann. Lesen Sie es!

מִזְמוֹר לְדָוִד: הָבוּ לֵיי בְּנֵי אֵלִים לְסֵי כָּבוֹד יָעֹר: זָוֹ:

Obwohl er kein Jude war, kannte er den Schmerz, der Rilke. Mein Großvater floh vor den Pogromen in Russland. Ich werde nicht emigrieren.

Zweiter Abschnitt.

אָמַר. אָמַר.

Schließlich leben wir nicht im Mittelalter

Papa.

Wollen Sie nächste Woche zum Tee kommen? Ich habe Beziehungen in der Gemeinde.

Helene fand im Februar 1935 eine Stelle in der jüdischen Buchhandlung Kedem.

Ich weiß, es ist nicht die Stadtbibliothek.

Religiöse Fachliteratur und das, was die Ausreisenden noch schnell zu Geld machen. Und jetzt die Verbote. Ich kann Ihnen nicht einmal garantieren, regelmäßig zu zahlen.

Es ist perfekt.

KRIEG!!

Am 1. September 1939 fiel Deutschland in Polen ein.

Ach, Helene.

Der Fluchtweg ist verschlossen. Geld habe ich keines mehr.

Und nach den neuen Gesetzen ist unser Umgang miteinander auch noch eine Gefahr für dich!

Wir stehen das durch. Zusammen. Ich liebe dich.

Das Leben „draußen" wurde immer feindlicher.

Vorschrift. Juden müssen ihre Rundfunkgeräte abgeben.

Juden wurden per Gesetz entrechtet.

Mittelalter. In Polen müssen sie so einen Stern an der Kleidung tragen.

Für jeden Piep 'ne Genehmigung. Ausgehsperren. Wo soll das enden?

Schnauze!

FÜR JUDEN

Helene wurde still.

Eine Maus, die durch Piepsen eine Lawine aufhalten will. Die Lawine ist gekommen. Die Maus hat ausgepiepst. (Irmgard Keun)

Toleranz wird zum Verbrechen, wenn sie dem Bösen gilt. (Thomas Mann, Zauberberg)

Jeder möge sein eigener Geschichtsschreiber sein. Dann wird er sorgfältiger und anspruchsvoller leben. (B. Brecht)

Auch ihrer Freundin Elsa öffnete sie sich nicht mehr.

Ich finde Glück nur noch in den Büchern.

Es ist schon riskant genug, dich zu besuchen!

Große Reiche vergehen, ein gutes Buch bleibt. (Lion Feuchtwanger)

Ab 1939 wurden jüdische Bewohner in sogenannten Judenhäusern zusammengepfercht. „Arier" und Juden durften nicht zusammenleben.

Meine Mutter war 11 1/2 Jahre im Gefängnis in der Türkei. Warum soll ich das der Lehrerin erzählen?

Politisch?

Klar. Sie hat für die Arbeit in einer gemäßigten kurdischen Partei ihr Soziologiestudium geschmissen.

Die Bücher haben sie gerettet.

Gefängnis Canakkale, Türkei, 1994–2000.

Zehn Jahre lang verbrachte sie mit dreißig anderen Frauen in einer Zelle.

Den Tagesablauf strukturierten die Gefangenen mit Sport, lernen und lesen. Meine Mutter las politische Bücher, Zeitschriften und jede Woche einen Roman.

Sie liebte es, einen Text für eine gemeinsame Lernstunde vorzubereiten. Irgendwann wurde sie die „Bibliothekarin" ihrer Zelle.

Immer wieder gab es Unruhen. Meine Mutter musste mitansehen, wie Frauen selbstzerstörerische Methoden des Protests wählten.

Es gab eine Gefängnisreform. Die Frauen wurden nach Izmir verlegt. Die nächsten vier Jahre verbrachte meiner Mutter in einer kleinen Zelle. An Bücher kam sie nicht mehr ran.

Sie hat angefangen, die Geschichten aus den Büchern im Kopf nachzuerzählen.

Als meine Mutter frei kam, ...

Du wolltest die kurdische Sprache in die Familien bringen. Jetzt bist du hier eine Gezeichnete.

... war ein Leben in der Türkei nicht mehr möglich. Sie ging nach Deutschland.

Ihr erster Asylantrag wurde abgelehnt, angeblich, weil im Gefängnis luxuriöse Bedingungen geherrscht hätten.

Eine Ungenauigkeit bei der Übersetzung des Wortes „Hamam". Es bezeichnet jede Art eines gemeinsamen Waschraums.

Die Beamtin hatte angenommen, die Frauen hätten im Gefängnis eine Art Spa bewohnt.

II
CHIOMA

PLING!
Meine Damen und Herren. In wenigen Minuten beginnen wir mit dem Landeanflug auf Paris. Ladies and gentlemen. We will descend towards Paris in a few minutes. Please, take your seat now and fasten your seatbelts.

Von Weitem als Deutscher zu erkennen. Darin liegt der tiefe Unterschied zwischen dieser Straße ...

... und irgendeiner Straße in Deutschland. Früher waren er und ich einfach nur Menschen.

Oi weh!

Oi weh!

Brauchen Sie Hilfe, guter Herr?

Jetzt sind wir vor allem Deutsche.

Die Deutschen sprechen die Sprache nicht richtig.

Sie sind arm und abgerissen, häufig sonderlich.

Pommes de terre, madame.[2]

Murmel, murmel.

Äh... pommes siwuplät.[1]

1 Äpfel, bitte.
2 Kartoffeln, Madame.

Ich spreche hervorragend Französisch.

Comme tous les jours, Madame Radványi?[3]

Bei mir ist das anders.

Comme tous les jours, Marcel. Merci beaucoup.[4]

3 Wie immer, Frau Radvyáni? (Name des Ehemannes)   4 Wie immer, Marcel. Vielen Dank.

57

Wie ähnlich bin ich ihnen, diesen vielen abgerissenen, bettelnden Menschen?

Werden wir unser Land je wiedersehen?

Österreich hat sich Hitlers Deutschland angeschlossen.

Spanien ist im Bürgerkrieg.

Ich hörte Berichte von Genossen, die den Konzentrationslagern entkommen sind.

Darum bin ich hier. Um diese Geschichten aufzuschreiben.

Ein Buch voller Wahrheit und Hoffnung soll das werden.

1933 kam ich ins KZ-Osthofen. Dort wurde ich geschlagen und gefoltert. 1936 gelang mir und vier Genossen die Flucht. Alle außer mir wurden gefasst und getötet. Der Kampf muss weitergehen.

Ich habe genug Material, um einen Roman über mein Deutschland zu schreiben.

Mein Held Georg flieht aus dem KZ-Westhofen.

Man sucht nach ihm und den sechs Genossen, die mit ihm flohen.

Er kann nach Mainz entkommen.

Immer wieder gerät er in Gefahr.

Ihm wird geholfen.

Da ist Kleidung, Herr.

BRADEREI GELZ

Die Nazi-Leitung ist brutal und genau.

Die Flüchtlinge werden gefasst und an verkrüppelten Pappeln vor dem Lager gekreuzigt. Nur Georgs Baum bleibt leer.

Jetzt aber rasch zurück nach Hause. Die Schule ist bald zu Ende.

Er bekommt Hilfe von Genossen. Die Menschen in Deutschland sind nicht identisch mit Hitler.

Sogar eine kurze Liebe findet Georg.

Bevor ein Boot ihn nach Holland bringt.

61

VERLORENES LEBEN

Netti Reiling, so hieß sie nämlich eigentlich, stelle ich mir als verträumtes Kind vor.

Netti!

Netti!

Willst du mitkommen, Kleine?

Da ist sie ja!

Habe die Ehre, gnädige Frau!

Netti. Wir müssen doch nach Hause.

Nein.

Ich möchte auch auf Reisen gehen.

Die Mutter war gebildet und herzlich.

Manche erleben die Abenteuer, manche träumen von ihnen, mein Kind.

Der Vater war Kunsthändler und Antiquar in Mainz.

Du hast eine neue Maria.

Warum haben wir nicht so schöne Frauen, Papa?

Die Madonna von Cranach ist ein Wunder. Du darfst nicht vergessen, dass sie Jüdin war, wie wir, meine Netti.

Wahrscheinlich hat sie als Kind viele Bilder gesehen.

Schau, Papa. Die Juden auf den Bildern sehen gar nicht so zufrieden aus wie die Madonna.

Netti war eine fleißige, kluge Schülerin.

Sie studierte Kunstgeschichte, da hatte sie schon einen Krieg miterlebt.

Die Kunst veränderte sich und auch die Madonnen.

Während des Studiums in Heidelberg lernte Netti einen aufregenden, ungarischen Exilanten kennen. László Radványi.

Eine Räterepublik nach sowjetischem Vorbild wollten wir.

Ihr hättet die Einigkeit im Volk sehen sollen.

Und wofür kämpfen Sie, junge Dame?

65

Wer war denn dieser Seghers?

Ein heute vergessener niederländischer Maler aus dem 17. Jahrhundert, hat Landschaften gemalt.

Netty muss ihn durch ihre Studien gekannt haben.

Von nun an ist Seghers eine Frau. Anna.

Man macht sich Gedanken, wie du wohl aussehen könntest!

Und die Lobeshymnen überschlagen sich.

„Ist das Seghers?"

„Eine starke Begabung in Formen."

„sinnliche Vieldeutigkeit"

„Er hat das Dasein ohne Apotheose gestaltet"

Netty-Anna schrieb expressive, düstere Geschichten von armen Menschen, die auf eine Veränderung hoffen.

Wären die Geschichten gezeichnet, müsste das in Schwarz-Weiß oder in Kohle sein, mit tiefem Blau aufgehellt.

GRUBETSCH

Sie zeichnete dunkle Messiasse.

AUFSTAND DER FISCHER VON ST. BARBARA — VOM SEGHERS

Traurige Madonnen.

Anna Seghers ist in die Kommunistische Partei eingetreten.

Heute hätte sie wahrscheinlich für Klimaschutz und bezahlbaren Wohnraum demonstriert.

Bananen!

Sie wollte dabei sein, Veränderungen bewirken.

Hat sich die Nächte um die Ohren geschlagen.

Hat sich zu Geschichten inspirieren lassen.

Hatte vielleicht auch mal ein schlechtes Gewissen.

Sie schrieb eine Geschichte über die neue Wichtigkeit sozialen Tuns, auch für Frauen. Aber die Liebe zu den Kindern war auch da.

Wenn du es so sehen willst, Robin.

Also eine reflektierte Karriere-Frau?

Schreibst du auch fleißig?

Ach, ich kritzel nur so.

Schau, das ist mein Nigeria. Das Hähnchen mit Mango meiner Mutter war immer ein bisschen würziger als das der Ghanaer.

Trés bon.*

Und Papa?

* Sehr gut.

Für ihn ist Afrika ein rückschrittliches Urlaubsland. Trotzdem liest er abends stundenlang alle Nachrichten.

Er wollte nur fort, nachdem auch die Tante gestorben und damit unser Schutz dahin war.

Da hast du es. Sein Afrika sind die Nachrichten.

Deine Seghers musste ihre zweite Heimat Paris wieder verlassen, nicht wahr?

Jeder, der fortgeht, muss den Rest seines Lebens damit verbringen, das Durcheinander aufzulösen, das die Trennung ausgelöst hat. Und wenn das Fortgehen etwas Gewaltsames hat, ist das Auflösen umso schwieriger.

75

Das ferne Leben

Anna und ihre Familie hatten über den Freund Weiskopf versucht, nach New York zu kommen.

Doch die Amerikaner hatten wenig Lust, Kommunisten in ihr Land zu lassen.

Die Kleine hat eine Augenentzündung. Sie muss in Quarantäne.

Das kann nicht sein! Sie hat nichts!

Nach einem Monat in Ellis Island begannen weitere Monate der Unsicherheit.

Martinique. Französisch. Am Ende werden wir von hier aus abgeschoben.

Seht! Da ist Kurt Kersten!

Wie kommst du geschwebt auf dem blauen Wasser des karibischen Meeres! Ich bin hier gestrandet. Mir bleibt nur der Rum.

Anna!

Meistens lebte man auf Deck, bestaunte die Südsee.

Dass du jetzt schreiben kannst, Tschibi!

Im Juli 1941 kam die Familie in Mexiko an.

84

Anna sammelte in Mexiko Eindrücke, die sie nie wieder vergessen würde.

„Ich bin hier gern und froh, dass ich durch die Emigration eine Welt sehen kann, ...

... die ich nicht kannte und von der ich auch jetzt nur die Ahnung habe, dass sie existiert."

Kaufen Sie meine Töpfe, Señora. Das wahre Blau.

Anna war glücklich in Mexiko.

Die Lust auf absonderliche, ausschweifende Unternehmungen, die mich früher einmal beunruhigt hatte, war längst gestillt, bis zum Überdruss. Es gab nur eine einzige Unternehmung, die mich anspornen konnte: die Heimfahrt.

Was genau bei dem Autounfall passiert war, ist bis heute unklar. War Anna unachtsam gewesen?

Brecht schrieb am 26. Juni 1943 in sein Arbeitsjournal: „a. segehrs (...) überfahren, oder wie die polizei annehme, aus einem auto geworfen."

Tatsächlich hatte das FBI auf tausend Seiten Material über die Kommunisten gesammelt, die man nicht im Land haben wollte.

Sie kommt nie mehr wieder, meine Mama. Sie alle werden nie wieder kommen.

SCREECH

Rote Unruhestifterin!

...the real intellectual for...

Anna
S...
FBI
...TOP
...CRET

1000 PAGES!

Anna zog sich zur Erholung in die Wüste zurück, spürte nach ...

Netti!

90

In der Glut eines tropischen Mittags ist es, als würde sie mit ihrem Namen gerufen.

Mit diesem Namen hat mich seit der Schulzeit niemand mehr gerufen. Ich hab gelernt, auf alle die guten und bösen Namen zu hören, mit denen mich Freunde und Feinde zu rufen pflegen, die Namen, die man mir in vielen Jahren, in Straßen, Versammlungen, Festen, nächtlichen Zimmern, Polizeiverhören, Büchertiteln, Zeitungsberichten, Protokollen und Pässen beigelegt hat.

NETTI !!

NETTI !

Bald glänzten einzelne Butterblumen in dem Bodendunst, der Dunst verzog sich, bis Löwenzahn und Storchschnabel gesondert dastanden.

NETTI !

Netti, schreib doch einen Aufsatz über unseren Ausflug.

Nicht wahr, liebe Netti – wir werden uns nie trennen?!

Netti-Anna-Tschibi erinnert sich an einen Schulausflug mit ihren Freundinnen in Mainz und schreibt dazu eine Geschichte: „Der Ausflug der toten Mädchen".

Die Geschichte beginnt mit dem Ausflug und dem Erleben der jungen Mädchen. Im Anschluss überlegt die Erzählende, was mit ihren Freundinnen in der Nazizeit passiert sein könnte.

Leni und Marianne sind Anna Seghers
beste Schulfreundinnen.

Leni – ich kannte die Falte auf ihrer Stirn von
schwierigen Ballspielen und Klassenarbeiten
und später von erregten Versammlungen und
beim Flugblätter verteilen.

Marianne, ihr Gesicht so edel geschnitten
wie die Gesichter der steinernen
Mädchenfiguren
aus dem
Mittelalter, ...

... weigerte sich, dem mutterlos gewordenen Kind
Lenis Reisegeld zu geben. Ihr eigener Mann war ein
hoher Nazibeamter.

Sie hatte die Falte auch auf der Stirn, als ihr
Mann zur vereinbarten Zeit nicht an den vereinbarten Ort kam, weil er verhaftet worden war,
wie später auch Leni selbst, bis sie im Frauen-
konzentrationslager zugrunde ging.

Die Feuerwehr kam zu spät, um Marianne zu retten, als
das Feuer von den Bombardements von den unmittelbar
getroffenen Häusern auf die Rheinstraße übergriff ...

Nora ist ein Mädchen,
dass Anna nicht
besonders mochte.

Die selbstbewusste,
kleine, stupsnasige
Nora schenkte hurtig
Fräulein Sichel Kaffee
ein, der Lieblingsleh-
rerin. In ihrer Gefällig-
keit und Bereitschaft
hatte sie Fräulein
Sichels Platz sogar
mit ein paar Jasmin-
zweigen umwunden.

Später sollte sie diese Lehrerin mit groben Worten
von einer Bank am Rhein herunterjagen, da sie auf
einer judenfreien Bank
sitzen wollte.

Das Haar der Schülerin Sophie, jetzt noch schwarz wie Ebenholz, wie das Haar Schneewittchens,

sollte über und über weiß sein, als sie zusammen im vollgepropften plombierten Waggon von den Nazis nach Polen deportiert wurde.

Ich war durch und durch müde, sodass ich froh war, endlich vor dem Haus zu stehen. Meine Mutter wartete schon auf mich.

Wie jung sie doch aussah. Wie dunkel ihr glattes Haar war, mit meinem verglichen, nicht bestimmt zu einem qualvollen, grausamen Ende.

Ich fragte mich, wie ich die Zeit verbringen sollte, heute und morgen, hier und dort, denn ich spürte jetzt einen unermesslichen Strom von Zeit, unbezwingbar wie die Luft. Man hat uns nun einmal von klein auf angewöhnt, statt uns der Zeit demütig zu ergeben, sie auf irgendeine Weise zu bewältigen.

Seghers war von Beruf her Sehnende geworden. Das kenne ich. In meinem ersten Jahr in Deutschland war die Sehnsucht so groß, dass sie jede Konzentration unmöglich machte.

Leipzig, 1987.

Im Regengrau des Winters sah ich nur die Palmen und die warmen Farben der Abendröte.

Ständig war mir kalt. Das Essen in der Kantine war ein geschmackloser Brei. Es dauerte seine Zeit, bis die Kommilitonen aufhörten, zu starren.

Was mich lebendig hielt, waren die Briefe zwischen Nene und mir. Durch sie behielt ich meine Offenheit, konnte bald von erster Freundschaft erzählen.

Manuel aus Mosambik.

Mit ihm machte das Lernen Spaß. Er war sprachbegabt, sprach neben Spanisch auch fließend Englisch und half mir mit dem Deutschen.

Im Frühjahr 1989 traf ich Sandra, nein, sie traf mich ...

94

Durch sie lernte ich die neue Sprache erst zu schätzen, sammelte Wörter, die ich gerne hörte und sagte.

... Sie war politisch engagiert, erzählte mir von der Situation ihres Landes auf eine Weise, die man nicht in den Seminaren hörte.

Sie ging zu den Montagsdemonstrationen, während ich lernte.

Sie sperren uns ein und denker, dass wir uns das ewig gefallen lassen. Täglich fliehen mehr über Ungarn ...

Wir fordern Freie Wahlen!

Kweku! Mach das Radio an.

DIE MAUER IST AUF!

Und eines Novemberabends ...

Unser Leben veränderte sich schlagartig.

Ich will die Welt sehen, Kweku. Und damit wir das zusammen erleben können, lass uns heiraten.

Diese Ausländer! Erst nehmen sie uns die Arbeit weg, dann auch noch die Frauen!

WIR FORDERN
UNTER-
SCHRIFTEN

Wir bezogen ein besetztes Haus in Prenzlauer Berg. Die Stimmung war komisch.

Mein Freund Manuel blieb nicht.

Ich habe es satt, mich unsichtbar machen zu müssen. Hast du nicht von Antonio gehört? Den haben sie auf der Straße erschlagen.

In dieser sonderbaren Nachwende-Zeit, kurz nach unserem Abschluss, besuchten Sandra und ich die Stadt, in der ich groß wurde, Akkra.

Euer neues Nationaltheater.

Was ist das?

Das ist Maniok, eigentlich aus Südamerika. Heute Grundnahrungsmittel.

Durch Sandras Augen sah das Land, in dem ich aufgewachsen war, reich und fremd aus.

In der Igbo-Kultur ist der Respekt vor den Älteren sehr wichtig.

Eine Moschee. Spannend.

BLAUE SCHERBEN

Anna Seghers kam mit der Hoffnung, etwas tun zu können.

In Europa war sie unbekannt. Die Städte waren zerstört.

Ein Schriftsteller muss in seiner Sprache wirken. Darum bin ich hier.

Das ist nicht das Deutschland aus meiner Erinnerung.

Die Menschen hatten fast nichts mehr.

Manche glaubten daran, dass es sich lohne, neu anzufangen.

Das Land und die Stadt Berlin waren in Sektoren eingeteilt. Stets stieß man auf Grenzen.

Und László?

Er traut den Deutschen nicht.

Es ist das Land der Täter. Sie haben deine Mutter umgebracht; meine Schwester und deren gesamte Familie. Und noch so viele!

Ich träume nachts von Mainz. Ich vermisse es. Und als Schriftsteller ...

Und ich habe gerade eine Professur bekommen. Also wieder eine Trennung.

Ich soll nun herausfinden, ob wenigstens einige der Deutschen sich verändern können.

Und trotzdem – das Bunteste in meinem Zimmer sind die Aufkleber unserer vielen Reisen. Meine Kinder-Märchenbilder von Deutschland sind zerstört. Und meine Träume gelten nun Mexiko.

Tja.

Tja.

Hier sehe ich jeden Tag so viel, was es wert wäre, erzählt zu werden.

1949 ging Anna Seghers auf Bitten der SED-Führung in die neu gegründete DDR.

Schon wieder Hass.

Sie wurde geehrt und hofiert.

Danke, liebe Genossen, für das Amt als Präsidentin des Schrifstellerverbandes.

Zusammen mit Freunden wie Bertolt Brecht langweilte sie sich auf Empfängen.

Mir ist ganz und gar kalt ...

Sie reiste viel, nach China, Paris, Schweden, engagierte sich für den Frieden.

1952 kehrte László zu ihr zurück, zusammen mit einer Nebenfrau.

Anna Seghers schrieb immer weiter, Romane, Erzählungen und viele Briefe.

Wir sind doch erwachsene Menschen.

Lieber Lukász! Ich habe das Gefühl, ich bin in die Eiszeit geraten, so kalt kommt mir alles vor. Nicht weil ich nicht mehr in den Tropen bin, sondern weil viele Sachen ganz beklemmend und ganz unwahrscheinlich frostig für mich sind, ob es um Arbeit, um Freundschaft, um politische, um menschliche Sachen geht.

Ich heiße jetzt übrigens Johann Schmidt.

Den Holocaust spricht sie nicht an. Vielleicht war die Eiszeit ja in ihr selbst.

108

Nicht zu vergessen, Kleines – ich glaubte an die Idee des Sozialismus, an die Gleichheit aller Menschen.

Ich lernte junge Intellektuelle kennen, die mir gefielen.

Christa Wolf, Wolf Biermann ...

Auch so ein Fall. Er wurde ausgewiesen.

In den Sechzigern wurde unser Staat so festgefahren, dass es zum Verrücktwerden war. Christa litt sehr darunter. Nach einer besonders frustrierenden Sitzung im Schriftstellerverband nahm ich sie mit ins Pergamonmusem.

Christa war sehr begabt.

110

Und in der DDR schrieb sie langweilige Bücher, obwohl in manchen Erzählungen das alte Glänzen strahlt.

Das wirkliche Blau.

Anna Seghers war zurück nach Deutschland gekommen und musste sich mit der Realität herumschlagen, obwohl sie eine professionelle Träumerin war.

Er macht sich auf den Weg, das wirkliche Blau zu suchen.

Einem Töpfer, der bekannt für seine schön bemalten Töpfe ist, geht das Blau aus. Doch die Firma in Deutschland kann wegen des Krieges nicht mehr liefern.

Er erlebt Abenteuer, lernt Menschen kennen. In einer weit entfernten Gegend findet er das Blau.

Als er erfolgreich zurückkehrt, erkennen ihn seine Kinder nicht mehr.

III
IRIT

Das Recht auf Rechte

Ein Witz! Alle jüdischen Flüchtlinge sind seit 1937 staatenlos!

1933 Inhaftierung durch die Gestapo. Flucht nach Paris. 1941 Internierung im Auffanglager Gurs ...

Ich war eine „feindliche Ausländerin"! Ha!

Wie bitte?

Hier ist ja auch Ihr Lebenslauf.

Die Zeitgeschichte hat eine neue Spezies von Menschen geschaffen – Menschen, die von ihren Feinden ins Konzentrationslager und von ihren Freunden ins Internierungslager gesteckt werden.

Ich selbst bin ja der Meinung, angesichts dieser Lage sollte man aus dem Judentum einen „Segen" machen, nämlich eine Waffe im Kampf um die Freiheit, eine eigenständige jüdische Armee ...

Im selben Jahr Emigration in die USA über Lissabon. Lange Zeit in Hotelzimmern ... rascher Spracherwerb ... eine Arbeit ...

Aber sehen Sie sich den verheerenden Zustand von uns Flüchtlingen, uns Staatenlosen insbesondere, doch an! In einer vom Nationalsozialismus dominierten politischen Staatenwelt bedeutet nur die Staatsbürgerschaft das **Recht auf Rechte,** d.h. die Staatenlosigkeit ist ein Zustand der „absoluten Rechtlosigkeit"!

Daraus kann man folgern, dass wir Rechtlosen in dieser Menschenwelt nicht mehr zuhause sind.

Wir haben unser Zuhause und unseren Alltag

verloren.

Oh my G*d! You are driving me crazy, Sie verdammter – wie sagt man das jetzt auf Englisch, Sie?

Wir haben unseren Beruf verloren und damit das Vertrauen eingebüßt, in dieser Welt irgendwie von Nutzen zu sein. Wir haben unsere Sprache verloren und mit ihr die Natürlichkeit unserer Gebärden und den ungezwungenen Ausdruck unserer Gefühle.

Und jetzt sollten wir uns schnell assimilieren. Wir sollen werden wie ihr. Und das wollen wir auch; wir sind das ja gewohnt so. Der kleine Cohn war schon in Deutschland der deutscheste aller Deutschen und in Frankreich der französischste aller Franzosen. Jetzt will er Amerikaner werden.

z. B. 1868 in Deutschland

1940 in Frankreich

1942 in den USA

Warum sind die Goyiim nicht gekommen? Ich bin doch Geschäftspartner, einer von ihnen.

Warum denn ins Internierungslager? Ich bin doch un vrai Français!

Warum geben sie mir den Job nicht?

already speak English so well …

Ja, und?

Ich bin der Überzeugung, wir von einem Land ins andere getriebenen Flüchtlinge repräsentieren die Avantgarde unserer Völker. Aber nur dann, wenn wir unsere Identität aufrecht erhalten. Eine prinzipielle Nichtzugehörigkeit, zumindest außerhalb der Antizipation einer Kantschen „Gemeinschaft aller Völker auf Erden". Können Sie mir folgen?

Phew!

Euro-päerin-nen.

Hannah Arendt wurde erst 1951, nach zehn Jahren in den USA, eingebürgert. Ihre Gedanken zur Staatenlosigkeit, erstmals skizziert in dem Essay „Wir Flüchtlinge" von 1943, formulierte sie grundlegend in ihrem Hauptwerk „Ursprünge und Elemente Totalitärer Herrschaft" (1955), das Hannah weltberühmt machen sollte.

121

NICHT DUCKEN

Marburg 1924. Dem Star-Philosophen Martin Heidegger fiel während einer seiner Vorlesungen eine außergewöhnlich schöne und intelligente junge Frau auf.

Ich bin entschlossen, aber ich weiß nicht, wozu!

Kann mir jemand den Ausbruch dieses jungen Herren angesichts meiner Ausführungen erklären?

... dass Sie Philosoph sind, kein politischer Redner.

Er versteht: Der Mensch ist ins Dasein geworfen, zur Freiheit verdammt auf seiner Suche nach Eigentlichkeit. Was er nun sucht, ist die Erfüllung von Eigentlichkeit. Doch der Kommilitone übersieht,

Sie sind sehr begabt. Kommen Sie morgen früh in mein Büro.

Eine Affäre begann.

Weil das Ganze geheim bleiben musste, lebte Hannah zurückgezogen und wartete viel.

Nicht wahr, meine Kleine. Das Licht brennt. Gleich sind wir nicht mehr allein.

Liebes Frä
ich muss
noch heute
zu Ihnen
kommen
und zu
ihrem H
spreche

Diesmal versagt sich mir alle Rede – und ich kann nur weinen, weinen – und das Warum hat auch keine Antwort – und versinkt – vergeblich wartend – im Danken und Glauben. bist Du scheu, um das tes, der dich er= annahm, zum er Seele zu en. Ich will, dass Du selbst, was Du bist.

Du Fremdlingin in der Fremde –
ch würde mich sehr freu=
n wenn Du heute gegen
4 9 zu mir kommst.
das Licht in mei=
immer brennt, bin
ause.

Piiep!

Nach einem Jahr ging Hannah fort, zu Karl Jaspers nach Heidelberg, halb fliehend, halb gedrängt von Heidegger.

Das ist der Raum, in dem wir uns alle treffen können.

Seid offen, ohne Vorbehalt. Sprecht nicht in Rätseln, seid vernünftig. Dann entsteht Kommunikation.

Nicht Fremdheit; ein Miteinander!

Hannah ließ sich immer seltener von den Botschaften ihres Geliebten aufschrecken.

Sie begann unter Jaspers mit ihrer Dissertation zum Liebesbegriff bei Augustinius.

Von Heidegger. Ich muss zum vereinbarten Treffpunkt.

Besser – ich bleibe. Es gibt für mich drei Arten der Liebe.

Augustinius von Hippo (*354–430), Kirchenlehrer und Philosoph. Er prägt abendländisches Denken bis heute.

Ich schreibe, was will ich mehr?

Dileotio: die Liebe zum Nächsten, die in der freilassenden, nicht begehrenden Zuneigung zum Anderen die Gottesliebe vorweg nimmt.

Es gibt Amoc, die auf Begehren beruhende weltliche Liebe, die dauernd nach Befriedigung strebt, diese aber niemals erreicht und sich so nur negativ verwirklicht.

Wird er kommen, wird er nicht kommen?

Caritas: die nach dem Guten strebende Gottesliebe, die den paradiesischen Frieden ersehnt, aber zur Welt, die sie ablehnt, in einem dauernden Missverhältnis steht.

Hannah heiratete 1929 Günther Stern in Berlin.

Die Ehe war nicht sehr harmonisch.

Es erscheinen so viele Artikel von mir, dass der Redakteur mich gebeten hat, mich anders zu nennen. Jetzt heiße ich eben „Anders".

Das ist lustig. Willst du eine Zigarre?

Das ist so unweiblich! Wo nimmst du nur deine Selbstsicherheit her?

Ich weiß nicht.

Von meiner Mutter vielleicht?

Du weißt doch, dass mein Vater starb, als ich acht Jahre alt war.

Meine Mutter war immer für mich da, auch als sie wieder heiratete.

Ich will nicht, dass er tot ist. Obwohl er mich am Ende nicht mal mehr erkannt hat.

Wenn Kinder in der Schule mich hänselten, weil ich Jüdin bin, musste ich das selbst klären.

Immer Fragen, Fragen! Typisch Jude!

Wenn aber ein Lehrer mich verhöhnte, hatte ich sofort aufzustehen und zu gehen.

Die Hannah ist doch nur so schlau, weil sie Jüdin ist. Und wenn es mal nicht klappt, kauft ihr reicher Stiefvater ihr den Abschluss ...

Meine Mutter schickte dann einen ihrer berühmten eingeschriebenen Briefe.

Denk immer daran, mein Kind: Niemals ducken!

Die beiden lebten von einem Stipendium Hannahs und dem Geld, das Günther mit Zeitungsartikeln verdiente, in einem Großraumatelier für Bildhauer in Halensee. Hannah las sich eine Freundin an: Rahel Varnhagen.

Willst du wirklich wieder rauchen?

Sie hat sich verliebt. Zum dritten Mal. Und zum dritten Mal wird sie sitzengelassen.

Immer wieder wurde ihre Verlobung aufgekündigt. Weil sie Jüdin war.

Sie schwor sich, nie wieder so eine Liebe zu wagen.

Du und deine olle Rahel Varnhagen. Seit 100 Jahren ist die schon tot.

Während das Studio tagsüber von einer Tanzschule genutzt wurde, ...

... recherchierte, las und schrieb Hannah.

Nie wieder öffne ich mich. Ich werde nur noch abwarten.

Dann endlich klappte es: Rahel ließ sich taufen. Sie heiratete August Varnhagen. Ihre Salons wurden berühmt.

Sie probierte mit außerordentlicher Schonungslosigkeit und einem völligen Mangel an Verlogenheit alles an sich selbst aus.

Rahel Varnhagen von Ense geb. Levin (1771–1899) Schriftstellerin und Salonnière

Arendt studierte Rahels Lebensweg und ihre Briefe. Sie begann, die Freundin aus der Vergangenheit zu bewundern.

Wäre Hannah innerlich geblieben, hätte ihr weiteres Leben vielleicht so ausgesehen.

Das Leben sollte sie treffen wie „Wetter ohne Schirm". Sie hat die reine Innerlichkeit, die darauf pocht, die eigene Welt in sich zu tragen.

1933

1941

Diese Barberei wird vorbei-gehen.

Aber sie blieb gedanklich nicht innerlich. Sie dachte weiter.

Du kannst nur Parvenü sein, ...

oder Paria, Außenseiter, und das ganz bewusst.

Rahel muss zum Überleben lernen, sich geltend zu machen. Das Schicksal als Jüdin ist ein politisches Problem.

Der Hofrat kommt nicht.

Oh weh!

Dann mache ich meinen Salon nur mit den Mutigen.

Nicht Privatsache!?

Der Wahlsieg Hitlers 1933 traf das Ehepaar Stern also nicht unvorbereitet.

Hannah floh wenige Monate später, zusammen mit ihrer Mutter.

Mein Name wurde in Bertolt Brechts Tagebuch gefunden.

Auch dein Lehrer, dieser Heidegger, ist jetzt in der Partei.

Flieh, rasch!

Ich will mit diesen Intellektuellen nichts mehr zu tun haben!

Erst jetzt war Hannah wirklich von ihrem Geliebten geheilt.

ERKLÄRUNGSSUCHE

New York City 1943.

Es dient weder einem wirtschaftlichen noch sonst einem Zweck.

Sieh dir das an Hannah!

Welchen Sinn sollte das Ganze haben?

Die Menschen werden fabrikmäßig vernichtet.

Da passiert etwas, das zu schrecklich ist, um damit fertig zu werden.

Aber jetzt, Stups, schreibst du über die Gräuletaten der Nazis.
Für Geld!
Und du schreibst Aufsätze und formulierst dein eigenes Denken.
Wer als Jude angegriffen wird, muss sich als Jude wehren.
Aber die Idee des auserwählten Volkes passt nicht in meine Vorstellung von Demokratie und Gleichheit.
Wir sind der überflüssige Abfall der Geschichte, nicht wahr?
Ich kann das nicht einfach so schlucken. Diese sinnlose Vernichtung. Wo hat das seinen Ursprung? Es muss doch Antworten auf all das geben!

Meine Großmutter war wie Hannah Arendt eine von denen, die es geschafft haben, zu entkommen. Ausgerechnet die Tatsache, dass sie schon vor der Nazi-Zeit Waise geworden und daher schutzlos war rettete sie.

Die Arbeit im Kibbuz war schwer, doch gab sie ihr eine Aufgabe.

Buhuhu.

In den Nächten weinte sie viel, weil sie sich um ihre Tante und ihren Onkel in Deutschland sorgte.

Bei der Feldarbeit verliebte sie sich.

Kommst du auch aus Ostpreußen?

Ich bin Israeli und nichts anderes.

Erst mit ihrer Enkelin, mit mir, sprach sie wieder die Sprache ihrer Kindheit.

Sie gerieten immer tiefer in den Wald.

Die Wälder sind dunkel in Deutschland. Und die Städte so kultiviert!

1945 endete der Krieg.
Die Menschen feierten.

Die Welt Hannah Arendts aber lag in Trümmern.

Sie begann ...

... mit ihrem eigenen ...

... Wiederaufbau.

Freundschaften schließend, ...

Mary McCarthy

STALINISMUS

... lesend, ...

GESCHICHTE

TOTALE SYSTEME

... schreibend, ...

NATIONALSOZIALISMUS

... reflektierend und sich der Welt öffnend zugleich.

Zwischen 1945 und 1949 schrieb sie ein Buch:

ELEMENTE UND URSPRÜNGE TOTALER HERRSCHAFT

Auf Englisch: The Origins of Totalitarianism

Ein Versuch, die Eigenart totaler Herrschaft zu beschreiben. Nicht nur des Nazi-Regimes, auch des Stalinismus in der Sowjetunion.

Die These: Die Sinnlosigkeit der Vernichtungslager ist die Eigenart des Nazi-Terrors.

A. Fiktive Welt der Nazis: Gemeinschaft isolierter, heimatloser Individuen ohne gemeinsame Welt, nur durch die Ideologie zusammen-geschweißt.

Heimatlose Menschen
= Phänomen der Moderne

C. Menschen = „Material", an dem geschicht-licher Auftrag zu erledigen ist.

B. Abstruse Vorstellung von der zukünftigen Weltherrschaft einer Elite-Rasse durch Terror und perfekte Organisation.

Hitler = nicht mit anderen Schreckensherrschern vergleichbar, da nicht nur von Habgier und Machthunger angetrieben.

„Das Ereignis erhellt seine eigene Vergangenheit, niemals kann es aus ihr abgeleitet werden."

Unterirdischer Strom ist der Drang nach unbegrenzter Macht, wie v. a. im Imperialismus.

D. Der Menschenverstand wird mit vollendeter Sinnlosigkeit konfrontiert. Vernichtung menschlicher Wesen, die schon tot waren, da ihrer Rechte und Würde beraubt.

E. Die sogenannte Wahrheit von „jüdischer Weltverschwörung" = eine Inszenierung, um ein Feindbild zu haben.

* Es besteht in dem, was Menschen weder bestrafen noch vergeben können.

Das radikal BÖSE.*

Die Säuberung ist routinemäßig.

Ent=rechtungs-Maschine

ACHTUNG Jude!

F. Totales System platzt wie eine Seifenblase.

Die Menschen fallen aus

Krematorium

Cyclon B

AUSCHWITZ

Gaskam=mer

ihrem Traum.

WARNUN

G. Die Massen werden wieder isolierte Individuen.

FÜHRER 1   FÜHRER 2   FÜHRER 3

H. In aller Stille, als handelte es sich um nichts als einen dummen Reinfall, werden sie ihre Vergangenheit aufgeben und, wenn es Not tut, verleugnen, sich nach einer neuen vielversprechenden Fiktion umsehen oder warten, bis die alte Ideologie wieder an Stärke gewinnt und eine neue Massenbewegung ins Leben ruft.

Unersättlicher Drang nach Besitz. Rassismus und Imperialismus gehören zusammen. Der Nationalsozialismus führte den Imperialismus ins Extreme.

Manchmal ist er mit seinem großen Bruder tagelang gelaufen, ohne etwas zu essen und ohne richtige Schuhe.

Wie schön, dass du ihm zugehört hast, Süße.

Er tut mit so leid, Mama. In seinen Augen, da ist etwas.

Wie bei einem alten Mann. Als wären der Krieg und diese schlimme Flucht noch in seinen Augen.

Wir haben zusammen gespielt. Kemal ist super im Seilhüpfer.

Warum muss es so etwas geben, Mama? Warum müssen Kinder so leiden?

Meine liebe Neta.

RRRING!

Geh ran. Ich schlafe jetzt.

Gute Nacht, mein Schatz!

Oh, hallo Chioma, wie schön! Komm doch morgen vorbei.

„Ihr Interesse an ihrem neuen Heimatland und an englischsprachiger Literatur wurde ebenso ein Teil von ihr selbst wie ihr Akzent und ihre Leidenschaft, über Platon, Kant, Nietzsche, Kafka, ja selbst über Duns Scotus zu diskutieren, ...

KAFKA

ΠΛΑΤΩΝ

... als lebten sie alle zusammen mit ihr und ihrem energischen Gatten Heinrich Blücher in dem schäbigen Mietshaus in der West 95th Street." (Alfred Kazin)

Ab 1949 flog Hannah regelmäßig nach Europa und Deutschland.

Hannah reiste mit der Jewish Reparations Commission.

AIR LINES

Heinrich weiß doch gar nicht, wie die Welt von hier oben aussieht.

Also, ich finde das Fliegen schön.

Er hat es auch nicht so nötig wie ich, das Wiederfinden der alten Welt.

Ich steige nicht in so einen fliegenden Kasten. Es gefällt mir auch nicht, dass du gehst. Nicht einmal richtig winken kann man da.

Alte Lehrer, alte Liebe verstehen wollen.

1953 bekam Hannah mit 47 Jahren eine befristete Professur am Brooklyn College in New York.

Später folgten Gastprofessuren in Berkeley, Harvard und Princeton.

Die Marx'sche Theorie hat zweifellos einen ehrbaren Hintergrund.

Weil in meinem Buch über totale Systeme auch die Sowjetunion vorkommt, wird es hierzulande gelobt.

Das ärgert mich. Und darum beschäftigen wir uns mit Karl Marx.

Das ist alles so ungerecht.

Sie ist aber zugleich die Lehre, auf die sich die russischen Revolutionäre und ihre totalitären Nachfahren berufen haben.

MARX
DAS KAPITAL

Gleichheit allen.

Meine Gleichheit!

Die Quintessenz der Marx'schen Schriften lässt sich in drei Aussagen zusammenfassen.

3) Fordert: Die Welt soll nach den Vorstellungen der (seiner) Philosophie verändert werden.

1) Marx betreibt eine Aufwertung und Huldigung der Arbeit, die in der abendländischen Tradition neu ist.

2) Erklärt: Die Gewalt ist zentrale Antriebskraft der Geschichte.

Entscheidend aber ist das WIE dieses Handelns.

Aber all diese Behauptungen verlieren die spezifische Sphäre des politischen Handelns aus dem Blick ...

In der gesamten Geschichte des abendländischen philosophischen Denkens seit Platon und Aristoteles gab es nie ein Interesse an der Frage, WIE die öffentlichen Angelegenheiten geregelt werden können!

Strittige Auslegung, das.

Oder aber worin ...

... das Wesen des Politischen besteht.

BUMM

Uff. Ich muss wohl grundlegend dazu forschen!

Den Marx erklären Sie sich aber sehr einfach.

Bei den Tätigkeiten des Menschen unterscheidet Hannah Arendt zwischen ARBEITEN, HERSTELLEN und HANDELN.

ARBEITEN:

Ist von der Notwendigkeit diktiert, am Leben zu bleiben (für den Einzelnen und die Gattung, für den Mensch und jedes Lebewesen).

Die Arbeit dient dem Zwang der Erhaltung des eigenen Lebens.

Hole Holz. Ich brauche Feuer für Ofen und Herd.

BEDÜRFNIS → ARBEIT

REPETITIV

KONSUM

Haushalt und Kindererziehung gehören für Arendt zur Arbeit.

Der Tisch ist kaputt.

Arbeit ist repetitiv, nicht kreativ.

Die Arbeit zwingt den Menschen, über die Endlichkeit des Lebens und den eigenen Tod nachzudenken.

Und eine Gesellschaft, die nur den Kreislauf Arbeit und Konsum kennt, …

Warum tue ich das hier?

Immer dasselbe!

… ist unfrei.

HERSTELLEN:

Es entstehen Gegenstände, die sich dem schnellen Konsum widersetzen (Möbel, Kunstwerke, Gebäude). Das Herstellen geht von der Vorstellung aus, was danach mit dem Gegenstand geschieht.

Das Herstellen ist weltbildend, zielgerichtet und nicht repetitiv.

START

ZIEL

Der Mensch baut sich neben der Welt eine künstliche Welt aus verschiedenen Materialien ...

... und baut eine Beziehung zu den hergestellten Dingen auf.

Wird doch was.

Aber:
In der Moderne werden Arbeiten und Herstellen verwechselt.

Gähn!

Mordsarbeit, aber ein Meisterwerk!

Wir stellen nichts her. Wir malochen bloß.

Michaelangelo arbeitete nicht. Er stellte her.

Die Arbeit wird für Arendt zu hoch bewertet (siehe Marx-Kritik).

ACHTUNG!

Die Gegenstände, die aus dem Herstellen hervorgehen, sind festgelegt durch ihren Nutzen. Echte Offenheit und Unberechenbarkeit gibt es nicht.

HANDELN:

Das Handeln ist der Umgang von Menschen mit Menschen in Wort und Tat. Erst das Handeln birgt echte Offenheit und Freiheit in sich.

Denken
Reden
Tun

Einen schönen Tisch haben wir jetzt!

Ist es nicht ungerecht, dass viele nicht einmal zu essen haben.

Viele Menschen in unserem Ort leiden Not.

Da müssen wir etwas tun.

Mögliche Resultate:

Das Handeln hat kein vorherbestimmtes Resultat, ist also offen und frei.

höchste Form des Denkens

WORT ⇒

Was geht mich das an?

Müssen wir nicht handeln?

Gleichheit!

Freiheit!

Gerechtigkeit!

Lasst uns über eine politische Ordnung nachdenken, die für alle gut ist.

Mögliche Resultate:

a) nichts passiert

b) Menschen denken nach

c) ein Aufstand

Im Handeln verwirklicht ein Mensch seine höchste Fähigkeit, etwas Neues zu beginnen.

Wo es der Gründung und Erhaltung politischer Gemeinwesen dient, schafft das Handeln die Bedingungen für eine Kontinuität der Generationen, für Erinnerung und damit für Geschichte (Idealzustand).

Und so unterschreiben wir eine Erklärung über unsere Unabhängigkeit als Demokratie.

Töricht!

Nein, neu!

Wir schreiben Geschichte.

Wir sind Vorbilder!

Erst durch das Handeln zeigt sich die Verschiedenheit und Einzigartigkeit der Individuen.

In der Demokratie sollte man die Einzigartigkeit der anderen als Chance begreifen und gleichsam „im Konzert" die Gesellschaft gestalten.

Im Gegensatz dazu: Stumm ist nur die Gewalt. Darum kann …

… sie auch nie wahre Größe erreichen.

Etwas tiefer.

Nee, höher.

Schick.

Cool.

Zu schnell.

Es wird.

Yeah!

Gut!

wir ich

Dabei sind alle Menschen Gesetzgeber und Richter.

Die freien Individuen verwirklichen sich nur im Sprechen und Handeln, können sich dabei auch voneinander auszeichnen und aneinander messen und sich fruchtbar in die Gemeinschaft einbringen.

Lasst uns Wahlen abhalten!

Und wir müssen putzen.

Und wir schleppen.

Niemals!

Ja!

Handeln findet im öffentlichen Raum statt. Am deutlichsten sah Hannah das für wenige Jahre in der griechischen Polis verwirklicht (wobei das private Arbeiten Frauen und Sklaven vorbehalten war).

Eigentlich hat Hannah Arendt sich mit dem Buch ein Selbstporträt geschaffen.

Das Wagnis des Urteilens

Hannah und Heinrich machten in den Catskills Ferien.

Ach, ist das ruhig hier.

In Argent nien wurde ein Mann namens Ricardo Klement entführt.

Entschuldigen Sie, mein Herr.

Der Mann war in Wahrheit Adolf Eichmann, einer der Haupt-Koordinatoren der „Endlösung der Judenfrage" unter Hitler.

Ich will den Prozess verfolgen und darüber schreiben. Vielleicht bringt der New Yorker das ja.

Eichmann found by security ser-vices. To be tried in Jerusa-lem for Crimes against the Jews!

Einer der Letzten, den sie noch nicht haben.

Es wäre eine cura posterior, eine Art Heilung, für mich.

Hannah fuhr nach Jerusalem.

שלום
WELCOME TO ISRAEL

Eichmann war ein kleiner fahriger Mann

Hannah schrieb schnell und „wie in Trance".

Wichtigtuerei war das Laster, das Eichmann zugrunde richtete. Es war Angeberei, wenn er seinen Leuten in den letzten Kriegstagen sagte: „Ich werde freudig in die Grube springen, denn das Bewusstsein, fünf Millionen Juden auf dem Gewissen zu haben, verleiht mir ein Gefühl großer Zufriedenheit."

Er erinnert sich an die Wendepunkte seiner Karriere sehr gut, aber sehr schlecht an die historischen Fakten oder an die Gespräche während der Wannseekonferenz.

Dieser Mann ist unfähig, Recht von Unrecht zu scheiden.
Er kann nicht denken. Er kann nicht urteilen.

Andere Länder, aber auch die jüdischen Gesellschaften, haben sich ebenfalls korrumpieren lassen. Die Zeugen führten vor, wie die Länder Europas sich verhielten.

JUDENRAT in WARSCHAU
AUFNAHMELAGER

Das Werkzeug auf jüdischer Seite waren die Judenräte.

Ich schaue mir an, wie „gut" die Vernichtung der Juden in den einzelnen Ländern funktionierte. In Rumänien waren sie eifrige Helfer. In Schweden gab es echten Widerstand.

Das schmerzt mich noch mehr als das Unrecht der Eichmanns.

Warum haben die Juden bei ihrer eigenen Vernichtung kooperiert?

Warum haben die Judenräte sich bereit erklärt, Vereinbarungen mit diesem System zu treffen?

Während Eichmann nicht urteilen KONNTE, WOLLTEN sie nicht urteilen und dachten, sie täten Gutes.

TREBLINKA

168

IM ZWIE-GESPRÄCH

1960.

Ich habe mir das Handeln angesehen. Jetzt will ich mir das Handeln im großen Maßstab ansehen.

Die Revolution!

Aber – wie stabilisieren wir den ursprünglichen, echten und mitreißenden Impuls?

Hannah?

Hannah.

Wir vergleichen zwei große und wichtige Revolutionen!

Der bei einer Revolution ja meist verlorengeht.

Die Französische und die Amerikanische. In der Französischen Revolution weicht der Verlauf irgendwann von der Richtung ab.

Die gemäßigten Girondisten können die Verfassung nicht durchsetzen.

Dafür machen die Jacobiner die Befreiung von Not und Leid der Massen zum Ziel.

In der Amerikanischen Revolution spielt die soziale Frage keine Rolle.

Armut hatte nicht mit Geldmangel, sondern mit Ausschluss von der Öffentlichkeit zu tun.

Die Revolutionäre waren nicht die Ersten, die seltsam blind und unempfindlich für die Wirklichkeit von Menschen wurden.
Sie opferten gerade die, für deren Sache sie doch kämpfen wollten.

Um alle Bürger potentiell zu beteiligen, erfand man in Amerika die „Town Hall Meetings".

Der revolutionäre Aufbruch ließ sich in Meetings und Wahlen wieder und wieder wiederholen.

Das Handeln war von Wut geleitet. Das Ziel waren Wohlfahrt und Glück. NICHT Freiheit.

Das Handeln in Amerika war von einem Wunsch nach Gerechtigkeit geleitet. Das Ziel war …

… FREIHEIT!

Der „Wille des Volkes" mündete in Tyrannei.

Die Idee an sich ist schon in Ordnung. Aber die Repräsentanten, die Politiker stören mich.

Sie handeln auch in den USA meist nur im eigenen Interesse. Ihr Handeln ist dann Scheinhandeln.

Monsieur, ich denke über die Revolution nach!

Da kommt Heinrich.

Lass hören, Liebe!

1967, vier Jahre nach Erscheinen des Buches „Über die Revolution", begannen in der ganzen Welt Studentenunruhen.

Demonstrationen gegen den Vietnam-Einsatz der USA im ganzen Land.

Ich werde nach Vietnam gehen und Bericht erstatten.

Ich sympathisiere mit den Studenten.

Aber ich will nicht, dass der Mob die Führung übernimmt.

Hannah wollte sich nicht einmischen.

Gedanklich mischte sie aber mit. Sie schrieb viele Essays, lehrte und war sehr beliebt bei ihren Studenten.

Und dann begannen die Abschiede.

1965.

Mein erster richtiger amerikanischer Freund Randall Jarrell wurde von einem Auto überfahren!

Hannah ...?

1969.

Karl Jaspers starb in Basel. Hannah trug monatelang Trauer.

Aber bunte Farbtupfer sind wichtig. Schließlich lebte er ein gutes Leben.

171

Hannahs Versuche, mit Heidegger Frieden zu schließen, blieben weiterhin recht einseitig.

Ich werde bald 80. Es wird eine große Ehrung geben.

Es ist etwas verqualmt hier.

Antisemitische Kuh!

Jüdische Hure.

Ich widme die Neuausgabe „Sein und Zeit" meiner lieben Hannah.

Ich werde die Festschrift schreiben.

Aber seine NSDAP-Vergangenheit erwähne ich auch, du doofe Elfriede!

HUST HUST

Heidegger überlebte Hannah und zeigte nie großes Interesse an ihrem Schreiben.

Und dann, 1970, starb Heinrich Blücher.

Ein Herzinfarkt.

Er war doch gar nicht jüdisch.

Ich lasse den Kaddish lesen, weil er etwas Richtiges ausdrückt: Beklage dich nicht. Dir ist etwas genommen, das du nie besessen hast.

Was soll ich denn jetzt nur machen, Mary?

Hannah kam schwer mit dem Verlust zurecht, obwohl ihre Freunde sehr nahe und treu waren.

KLACK

Heinrich, zieh die Galoschen aus und lass sie am Eingang stehen!

Hannah, ich bin es.

Ich habe dir etwas zu essen mitgebracht.

Hannah ging weiterhin auf Reisen, bekam Lehraufträge, Ehrungen und sogar Heiratsanträge.

Es tut mir leid.

Nein, mein Lieber.

Aber es fehlte der erste Mensch, mit dem sie ihre Gedanken-Zwiegespräche teilen konnte.

Das Buch wurde nicht mehr fertig. Hannah Arendt starb im Dezember 1975 an einem Herzinfarkt in ihrer Wohnung in New York.

ANHANG

Kurze Biografien und weiterführende Literatur

HELENE NATHAN

1885	Helene Nathan wird am 23. August in Oels im heutigen Polen als Tochter eines Kaufmanns geboren
	Besuch der höheren Mädchenschule in Oels
1904	Examen am Lehrerinnenseminar in Breslau
1904–1908	Studium der Geschichte, deutschen Literatur und Kunstgeschichte an Universität Breslau
1908–1911	Studium an der Universität Bern
1908–1916	verschiedene Beschäftigungen als Hilfsarbeiterin in der Volksbücherei Breslau
1911	Promotion
1916–1919	Angestellte in der „Zentralstelle für volkstümliches Büchereiwesen" in Leipzig
1919–1921	Vorträge zur Einführung in die historische Literatur an der Fachhochschule für Bibliothekstechnik und -verwaltung in Leipzig
1921–1933	Leitung der Bibliothek in Berlin-Neukölln; SPD-Mitglied
1923	Eröffnung einer Bibliotheksfiliale für Kinderbücher
März 1933	Beurlaubung von der Arbeit mit sofortiger Wirkung
1935–1937	Leitung der Leihbücherei in der jüdischen Buchhandlung Kedem

3.9.1939	Kriegserklärung Englands an Deutschland; Helene Nathans Versuche einer Ausreise nach England scheitern
22.10.1940	Erste Deportation von Juden in Baden und Saarpfalz in das südwestfranzösische Internierungslager Gurs
23.10.1940	Helene Nathan nimmt sich in Berlin das Leben

Literatur

„Zehn Brüder waren wir gewesen …". Spuren jüdischen Lebens in Neukölln. Hg. von Dorothea Kolland. Berlin 2012.

von Gélieu, Claudia: Wegweisende Neuköllnerinnen: Von der Britzer Prinzessin zur ersten Stadträtin. Berlin 1998.

ANNA SEGHERS

1900	Anna Seghers wird am 19. November als Netti (Annette) Reiling in Mainz als Tochter eines Kunsthändlers geboren.
1919–1924	Studium der Kunstgeschichte, Geschichte, Sinologie und Philologie in Köln und Heidelberg; Promotion über Rembrandt; erste Erzählungen
1925	Heirat mit dem kommunistischen Gesellschaftswissenschaftler László Radványi (später: Johann Lorenz Schmidt) aus Ungarn
1926	Geburt des Sohnes Peter (später: Pierre) in Berlin
1927	Veröffentlichung der Erzählung „Grubetsch" unter dem Pseudonym Seghers
1928	Geburt der Tochter Ruth in Berlin; Kleist-Preis für eine Erzählung; Eintritt in die Kommunistische Partei Deutschlands (KPD)
1933	kurzzeitige Verhaftung durch die Gestapo; Flucht nach Paris
1933–1940	Pariser Exil; Mitarbeit bei antifaschistischen Exilzeitschriften, reger Briefwechsel mit Intellektuellen im Ausland; Arbeit an und Veröffentlichung von Romanen
1940	Einmarsch deutscher Truppen in Paris; Flucht nach Marseille in den unbesetzten Teil Frankreichs; Arbeit an „Transit"
1941	Flucht über zahlreiche Stationen nach Mexiko

1941–1947	Mexikanisches Exil; Gründung und Vorstand des antifaschistischen Heinrich-Heine-Klubs; Herausgabe der Zeitschrift „Freies Deutschland" mit Ludwig Renn
1942	„Das siebte Kreuz" (englisch und deutsch) erlangt Weltruhm
1944	„Transit" erscheint in spanischer und englischer Sprache; Verfilmung von „Das siebte Kreuz" in den USA
1947	Rückkehr über Schweden und Frankreich nach Deutschland, zunächst nach West-Berlin; Mitglied der Sozialistischen Einheitspartei Deutschlands (SED) in der Sowjetischen Besatzungszone; Georg-Büchner-Preis für „Das siebte Kreuz"
1948	Vizepräsidentin des Kulturbundes zur demokratischen Erneuerung Deutschlands; Arbeit an sozialistischen Gesellschaftsromanen sowie Erzählungen mit karibischen Motiven; „Transit" erscheint auf Deutsch
1950	Umzug nach Ost-Berlin; Mitglied im Präsidium des Weltfriedensrats; Gründungsmitglied der Deutschen Akademie der Künste
1952–1978	Vorsitzende des Schriftstellerverbands der DDR
1959	Ehrendoktorwürde der Universität Jena
1967	Erzählung „Das wirkliche Blau", inspiriert von Erlebnissen im mexikanischen Exil
1971	„Die Überfahrt"
1980	„Drei Frauen aus Haiti"
1981	Ehrenbürgerwürde in Seghers' Geburtsstadt Mainz
1983	Anna Seghers stirbt am 1. Juni in Ost-Berlin

Literatur

Wagner, Frank: Anna Seghers. Eine Biografie in Bildern. Berlin 2000.

Radvanyi, Pierre: Jenseits des Stroms: Erinnerungen an meine Mutter Anna Seghers, übersetzt von Manfred Flügge. Berlin 2005.

HANNAH ARENDT

1906	Hannah Arendt wird am 14. Oktober in Linden bei Hannover geboren.
	Kindheit in Königsberg in sozialdemokratischem jüdisch-assimiliertem Elternhaus
1924–1928	Studium der Philosophie, Theologie und Klassischen Philologie in Marburg (bei Martin Heidegger), Freiburg im Breisgau (bei Edmund Husserl) und Heidelberg (bei Karl Jaspers, dem sie ihr Leben lang verbunden bleibt)
1928	Promotion über den „Liebesbegriff bei Augustin" in Heidelberg bei Karl Jaspers
1929	Umzug nach Berlin
1929–1937	Heirat mit dem Philosophen Günther Anders (vormals Stern)
1929–1933	Forschungen zur deutschen Romantik und zur gesellschaftlichen Assimilation von Juden
1933	Kurzzeitige Inhaftierung durch die Gestapo; Flucht über Karlsbad und Genf nach Paris; Arbeit als Sozialarbeiterin bei verschiedenen jüdischen Organisationen; Mitgliedschaft in der World Zionist Organization (bis 1943); Beginn der Freundschaft mit Walter Benjamin

1935	Erste Reise nach Palästina
1940	Heirat mit dem Philosophiedozenten Heinrich Blücher
1941	mehrwöchige Internierung im Auffanglager Gurs; Emigration mit Heinrich Blücher und Arendts Mutter in die USA; Arbeit an politischen Kolumnen für die deutsch-jüdische Wochenzeitschrift „Aufbau"
1944–1946	Forschungsleiterin der Conference on Jewish Relations
1946–1949	Cheflektorin im Salman Schocken Verlag
1948–1952	Direktorin der Jewish Cultural Reconstruction Organization zur Rettung jüdischen Kulturguts
1949/50	erstmals nach dem Ende des Zweiten Weltkriegs Reise für die Jewish Cultural Reconstruction Organization nach Deutschland
1951	Erhalt der amerikanischen Staatsbürgerschaft; „Origins of Totalitarianism"
1953	Gastvorlesungen u. a. in Princeton und Harvard; Professur am Brooklyn College in New York
1955	„Elemente und Ursprünge totaler Herrschaft"
1959	„Rahel Varnhagen. Lebensgeschichte einer deutschen Jüdin aus der Romantik"
1960	„Vita activa oder vom tätigen Leben"
1961	Berichterstattung aus Jerusalem über den Eichmann-Prozess für die Zeitschrift „New Yorker"
1963	„Eichmann in Jerusalem. Ein Bericht über die Banalität des Bösen"; Essay „Über die Revolution"
1963–1967	Professur an der University of Chicago
1967	Berufung an die New School for Social Research in New York
1968	Wahl zur Vizepräsidentin des Institute for Arts and Letters
1973	Vorstandsmitglied im amerikanischen PEN-Zentrum
1975	Hannah Arendt stirbt am 4. Dezember in New York

Literatur

Young-Bruehl, Elisabeth: Hannah Arendt: Leben, Werk und Zeit. Frankfurt am Main 2004.

Prinz, Alois: Hannah Arendt oder die Liebe zur Welt. Berlin 2012.

Nachwort

Die Idee zu einem Buch über Entrechtete und Flüchtlinge aus Nazi-Deutschland entstand aus der Arbeit an künstlerischen Projekten mit Geflüchteten in Berlin und Brandenburg. Nach intensiven Gesprächen mit Betroffenen entschied ich mich dazu, von Flucht- und Migrationsgeschichten aus Deutschland zu erzählen und diese in Beziehung mit Flucht- und Migrationsgeschichten in der Gegenwart zu setzen.

Die drei „Andersdenkerinnen" in dieser Graphic Novel begleiten mich schon seit vielen Jahren. Sie stellen meine persönlichen Heldinnen dar, denen ich mich auf subjektive Weise nähern wollte.

Die Romane „Transit" und „Das siebte Kreuz" von Anna Seghers las ich als Jugendliche auf dem Dachboden unter eine Decke versteckt, ehrfurchtsvoll ob der abenteuerlichen Handlungen und dem sprachlichen Mangel an Sentimentalität. Hannah Arendts Bücher las ich in großen Abständen als junge Erwachsene. Bei „Rahel Varnhagen" und dem Eichmann-Buch ging es noch ganz gut. Für „Vita activa" und das Totalitarismus-Buch musste ich viele Anläufe nehmen, um wenigstens die Grundzüge zu erahnen.

Wer mehr über die Protagonistinnen erfahren möchte, kann viel über die Biografien herausfinden, die zu dem Leben von Anna Seghers und Hannah Arendt erschienen sind.

Einige dieser Biografien fand ich in der Neuköllner Stadtbibliothek, die Helene Nathans Namen trägt und für mich zu einem Inspirationsort geworden ist. Eine Gedenktafel dort erinnert an Helene Nathan, eine Frau, die beinahe dem Vergessen zum Opfer gefallen wäre. Ihr Lebenslauf lässt ahnen, wie beharrlich eine Frau zu Beginn des 20. Jahrhunderts gewesen sein muss, um zu einer höheren Bildung und einem Beruf zu kommen. Sie ist für mich eine Vorreiterin, deren Weg die Karrieren von Seghers und Arendt erst möglich machte.

Einige Ideen für die zeitgenössischen Protagonisten sind aus Bibliotheks-Büchern entliehen. Teilweise fand ich sie beim Stöbern in der angenehmen englischsprachigen Abteilung für Schöne Literatur. Viele Details der Rahmenhandlungen sind meiner Fantasie entsprungen, aber die wichtigsten Inspirationen stammen aus Erzählungen, Lebensläufen und Gesprächen mit Freunden, denen ich an dieser Stelle ganz besonders für ihre Offenheit und Großzügigkeit danken will. Besonderer Dank gilt Safiye, Solomon und Iris.

Es war ein Privileg, den drei Frauen Helene Nathan, Anna Seghers und Hannah Arendt durch das Lesen, Schreiben und Zeichnen näherzukommen und ich hoffe, dass diese Graphic Novel sie auch anderen näherbringt.

Anna Faroqhi

ist Filmemacherin und Zeichnerin mit einer Ausbildung in Musik, Mathematik und Film. Ihr Werk umfasst Zeichnungen, Graphic Novels und essayistisch-dokumentarische Filme. Wiederkehrende Themen sind Migration und soziale Teilhabe.

Filmische und künstlerische Arbeiten entstehen häufig im Verbund mit ihrem Mann Haim Peretz. Faroqhi lehrt Film und dramatisches Schreiben an der Hochschule „Hanns Eisler" für Musik in Berlin. Außerdem setzt sie sich für die Vermittlung der Medien Film und Graphic Novel ein. Anna Faroqhi lebt mit ihrer Familie in Berlin.